KINDERYOGA ZUM EINSCHLAFEN

Das große Eltern-Kind-Mitmachbuch

Mit 30 sanften Gute-Nacht-Yoga Übungen für ein

positives Körpergefühl und einen ruhigen Schlaf

RAFAEL WEIGLE

INHALT

EINLEITUNG

Die Hektik der schnelllebigen Welt verursacht in uns viel Stress. Sind wir zu häufig und vor allem aber zulange Stress ausgesetzt, kann das unsere Gesundheit und unser Wohlbefinden sehr stark einschränken. Schlafstörungen, Konzentrationsschwierigkeiten, Abgeschlagenheit und Lustlosigkeit können dann die negativen Folgen sein. Umso wichtiger ist es, einen Ausgleich zu schaffen und Stress abzubauen. Noch besser ist es natürlich zu viel Stress gar nicht erst aufkommen zu lassen. Dies ist aber nicht immer möglich. Vor allem Eltern mit kleinen Kindern fühlen sich oftmals überfordert. Dabei darf man nicht vergessen, dass auch die Kleinen häufig neuen und stressigen Situationen in ihrem Alltag ausgesetzt sind. Eine tolle Möglichkeit Stress abzubauen ist Yoga zu praktizieren. Kein Wunder also, dass Yoga in den letzten Jahren immer beliebter geworden ist. Das gilt auch für Kinderyoga!

Unsere Kleinen sind tagtäglich unzähligen und ungewohnten Situationen ausgesetzt. Ob es nun die Eingewöhnungsphase im Kindergarten, der erste Schultag, ein Besuch bei

Freunden oder eine Shoppingtour im Einkaufscenter ist. Für Kinder ist alles neu und erstmal ungewohnt. Da ist es nicht verwunderlich, dass da so manches Kind überfordert und gestresst ist.

Das ist auch völlig normal und auch nicht weiter schlimm und sogar wichtig für die kindliche Entwicklung. Dennoch sollte darauf geachtet werden, dass Kinder ihren Stress auch wieder abbauen können. Das Tolle an Yoga ist, dass es in vielerlei Hinsicht wertvolle Eigenschaften auf das Kind übertragen kann.

Ganzheitliche Bewegungsförderung hilft, den Körper zu stärken. Die Kinder lernen auf eine spielerische Art und Weise, mit Stress und Druck umzugehen. Durch regelmäßiges Praktizieren von Yoga können Kinder ein besseres Körpergefühl und Entspannung erlangen. Dadurch sind sie selbstbewusster und konzentrierter.

Besonders aktiven Kinder mit viel Energie fällt es abends schwer abzuschalten und einzuschlafen. Dieses Eltern-Kind-Mitmachbuch soll Eltern ermuntern, regelmäßig Yogaübungen gemeinsam mit ihren Kindern als Abendroutine auf spielerische Art und Weise zu praktizieren.

5

Das Ganze sollte vor allem Spaß machen und die Kinder beim Entspannen unterstützen. Das Buch beginnt mit einer Geschichte. Die einzelnen Yogaübungen werden bei jeder Begegnung mit einem bestimmten Tier erklärt und sind nicht voneinander abhängig. Die Kinder können sich somit jeden Abend zwei bis drei ihrer Lieblingsübungen aussuchen.

Kinder haben großen Spaß daran, aktiv mitzumachen. Dabei dürfen die Kinder auch ihrer Phantasie freien Lauf lassen.

Grundlegende Bewegungsabläufe sollten allerdings eingehalten werden. Mehr dazu findest du auf der nachfolgenden Seite.

Wirkung von Yoga:

Durch Yoga wird der natürliche Bewegungsdrang von Kindern gefordert und gefördert. Das Kind kann durch die unterschiedlichen Yogahaltungen und Tier-ASANAS in eine Phantasiewelt abtauchen und spielerisch von der Yoga-Praxis profitieren. Durch ausgewählte Yogaübungen ist dieses Buch besonders für die abendliche Entspannung geeignet und hilft den Kindern Stress abzubauen und in Ruhe einzuschlafen.

Worauf man beim Yoga mit Kindern achten sollte:

- Die Übungen sollten nicht direkt nach dem Abendessen durchgeführt werden. Mit vollem Bauch fallen die Übungen schwer. Deshalb sollten die Yogaübungen erst 20 bis 30 Minuten nach dem Abendessen praktiziert werden.

- Vor Beginn der Yogaübungen sollte der Körper aufgewärmt sein oder mit einer leichten Aufwärmübung begonnen werden.

- Achte auf die Haltung beim Yoga. Die Wirbelsäule sollte wie in den Übungen beschrieben meist aufrecht sein.

- Knie, Ellbogen und Finger dürfen nicht überstreckt oder überdehnt werden.

- Einseitige Belastungen sollten vermieden werden. Bei Übungen, die bestimmte Körperregionen einseitig belasten, sollte immer eine Gegenübung zur anderen Seite erfolgen.

Für Yoga benötigt ihr keine teure Sportausrüstung. Alles, was ihr dafür braucht, ist eine Yogamatte und bequeme Kleidung. Und jetzt wünsche ich euch ganz viel Spaß mit den spannenden Geschichten und den Übungen!

TIMO – DER TIGER, DER NICHT SCHLAFEN KANN

Timo kann einfach nicht einschlafen. Wahrscheinlich waren die vielen Zoobesucher und freudigen Kindergesichter, die alle ihn, „Timo - den Tiger" sehen wollten, zu viel Aufregung, um jetzt in den Schlaf zu finden.

Timo hat in letzter Zeit öfter Probleme einzuschlafen. Er rollt sich von einer Seite auf die andere, aber egal wie er sich hinlegt, irgendwas passt nicht.

Es ist ein schöner lauwarmer Sommerabend und alle Familien und Zoowärter sind schon nach Hause gegangen. Also beschließt Timo noch einen Spaziergang im Zoo zu unternehmen. Das hat ihm schon immer gutgetan. Durch einen kleinen versteckten Zugang in seinem Tigergehege, von dem die Zoowärter nichts wissen, kann er ausbüchsen und einen abendlichen Rundgang durch den Zoo machen. Timo quetscht sich durch ein still gelegtes Wasserrohr und kommt nach wenigen Metern im Streichelzoo heraus. Von hier aus hat er leichtes Spiel und muss nur noch über ein kleines

Gitter springen. „Zack" – da ist er schon draußen. Das war einfach, denkt Timo und fühlt sich stark dabei.

Timo geht am liebsten zu den tropischen Urwaldtieren. Er mag die Blätter und Bäume und das viele Grün um ihn herum. Auch das tropische, warme und feuchte Klima mag er sehr. Obwohl er im Zoo geboren wurde und keine Erinnerung an seine Heimat in Indien hat, fühlt er sich im Tropenhaus wohl und verbunden. Das hat ihm schon oft geholfen, zu entspannen. Er läuft also bei den Ziegen, Schweinen und Schafen vorbei und macht sich auf den Weg zum Reptilienhaus.

Kurz bevor er an seinem Ziel ankommt, hört Timo ein leises brummeln. Was ist das??? „Dieses Geräusch habe ich noch nie gehört", denkt Timo und läuft in die Richtung, woher das Brummelgeräusch ertönt. Plötzlich bemerkt Timo ein grünes und gut getarntes Tier, welches in einer Art Schneidersitz dasitzt. Was ist das und wieso sitzt dieses Geschöpf da und macht diese seltsamen Geräusche??? „Ommm Ommm Ommm", ertönt es aus dem Gehege. Timo schleicht sich etwas näher heran, um besser sehen zu können. Wieder erklingt es: „Ommm Ommm Ommm".

Timo ist jetzt schon ziemlich nah an das seltsame Wesen herangeschlichen und beobachtet es aufmerksam hinter einem großen Baum. Da öffnet es plötzlich die Augen und schaut Timo direkt an. Timo erschrickt stark und gibt ein lautes „UH" von sich.

Mit zitternder Stimme sagt Timo ängstlich zu dem unbekannten Tier:

„Hallo, ich bin Timo, der Tiger. Ich habe dich hier im Zoo noch nie gesehen. Wer bist du und was machst du hier?"

Das grüne Tierwesen antwortet im gelassenen Tonfall:

„Du musst keine Angst vor mir haben. Ich bin doch nur eine alte Schildkröte. Mein Name ist Morla. Ich bin einhundertundvier Jahre alt und bin trotzdem noch fit und gesund. Das habe ich den spirituellen Kräften des Yoga zu verdanken."

Spirituelle Kräfte des Yoga??? Was soll das denn bedeuten, erwidert Timo etwas verwirrt.

„Ich mache Yogaübungen, um nach einem stressigen Zooalltag zur Ruhe zu kommen", erklärt ihm Morla. „Diese Übung hilft mir dabei." Jetzt wurde Timo neugierig und fragt aufgeregt: „Was ist Yoga und wie funktioniert das? Ich möchte auch zur Ruhe kommen. Ich kann nicht einschlafen. Die vielen Eindrücke des Zooalltags bekomme ich abends einfach nicht aus meinem Kopf. Ich bin unkonzentriert und unruhig. Wenn ich mich zum Schlafen lege, ziehen die vielen Tageseindrücke vor meinem inneren Auge vorbei und lassen mich nicht einschlafen".

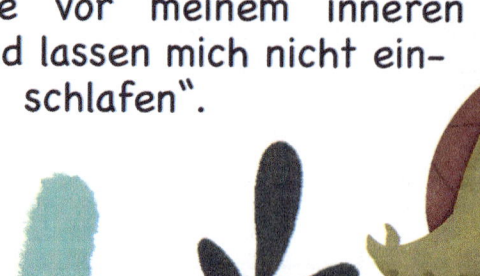

Da antwortet die alte weise Schildkröte behutsam: „Yoga ist eine indische philosophische Lehre. Meditation und körperliche Übungen helfen, innere Ruhe und Zufriedenheit zu erlangen. Ich habe Yogaübungen in mein Abendritual aufgenommen, um besser einzuschlafen. Außerdem bin ich dadurch viel entspannter und konzentrierter als früher".

Timo denkt, wow, das klingt ja super und antwortet begeistert:

„Das ist großartig!!! Kannst du mir zeigen, wie es geht? Ich möchte lernen, entspannt einzuschlafen und innere Ruhe zu finden".

Da antwortet die alte, weise Schildkröte freudig:

„Natürlich!!! Jeder kann Yoga lernen und innere Ruhe finden. Das ist nicht schwer. Aber nicht nur ich nutze die uralten Techniken des Yoga, um entspannter einzuschlafen. Fast alle Tiere hier im Zoo machen Yogaübungen, um besser zu schlafen. Jedes Tier hat seine eigene Technik und macht andere Yogaübungen. Am besten läufst du ein bisschen im Zoo herum und lässt dir ein paar Übungen zeigen. Und Timo, denk daran: „Im Yoga kannst du alles sein, was du willst!!! Aber jetzt zeige ich dir erst mal meine Lieblingsübung ..."

DER LOTUSSITZ

Wir beginnen mit dem Lotussitz, er ist eine der klassischen Sitzhaltungen des Yoga. „Lotus" wird die schöne Blume genannt. Man sieht sie im Garten des Buddhas blühen.

Diese Übung dehnt die Hüft- und Kniegelenke. Außerdem wird die Rückenmuskulatur gekräftigt. Timo schließt seine Augen und atmet tief ein und lange aus. „Das hast du toll gemacht, Timo", lobt Morla. „Wenn du noch mehr über Yoga lernen möchtest, dann gehe zu den anderen Zootieren. Sie zeigen dir sicherlich weitere Übungen ..."

1 Als Erstes im Langsitz die Wirbelsäule aufrichten. Die rechte Ferse ganz nah an den Unterbauch ziehen.

2 Den linken Fuß mit der Fußsohle nach oben auf den rechten Oberschenkel legen. Dabei sollte der Rücken gerade gehalten werden.

3 Die Hände liegen entspannt auf den Knien. Die Beine stellen Blüten einer offenen Lotusblüte dar.

DAS KROKODIL

Im Tropenhaus fühlt sich Timo wohl. Er schaut entspannt von einer kleinen Brücke auf das sumpfige Wasser unter sich. Hat sich da nicht gerade etwas bewegt?

Doch, es ist ein Krokodil! Das grüne und gut getarnte Krokodil liegt ja einfach nur so da. „Was machst du da?", fragt Timo neugierig. „Ich bin Kai, das Krokodil. Bevor ich schlafen gehe, mache ich immer Yoga. Diese Übung fördert meine Flexibilität der Wirbelsäule und Brustmuskulatur. Komm, ich zeig es dir ..."

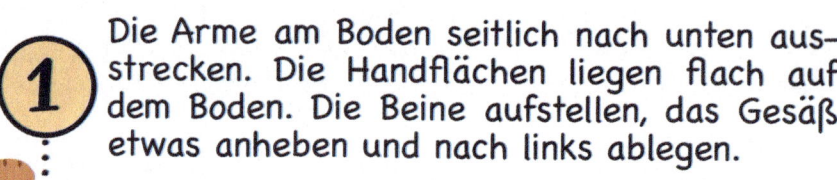

1 Die Arme am Boden seitlich nach unten ausstrecken. Die Handflächen liegen flach auf dem Boden. Die Beine aufstellen, das Gesäß etwas anheben und nach links ablegen.

2 Das rechte Bein ausstrecken, den linken Fuß auf das rechte Knie stellen, das linke Knie so weit absenken, wie die Schultern noch am Boden liegen bleiben können.

3 Den Kopf sanft zur linken Schulter drehen. In die Mitte zurückkommen und die Seite wechseln.

14

DIE KOBRA

Nach dem netten Besuch beim Krokodil läuft Timo ein Stück weiter und sieht nicht weit vom Krokodil entfernt eine Kobra und fragt sie: „Machst du etwa auch Yoga?" Da zischte die Kobra leise: „Natürlich, wieso denn nicht?"

„Ich bin Kiri, die Kobra aus dem fernen Asien. Diese Yogaübung dehnt meine Körpervorderseite und kräftigt meine Rumpf aufrichtende Muskulatur. Zusammen macht alles mehr Spaß! Komm, ich zeige dir, wie es geht ..."

1 Wir fangen in Bauchlage an. Deine Stirn berührt den Boden. Die Handflächen sind unter deinen Schultern. Deine Finger zeigen nach vorne.

2 Drück mit den Armen deinen Oberkörper langsam vom Boden weg. Achte darauf, dass deine Ellenbogen eng am Körper bleiben.

3 Richte deinen Kopf auf und schau nach vorne. Halte diese Position kurz und atme lange aus, in dem du ein langes Zischen von dir gibst.

DIE HEUSCHRECKE

Auf dem Weg nach draußen sieht Timo beiläufig eines der vielen Terrarien. Timo traut seinen Augen kaum, als er eine Heuschrecke entdeckt, welche flach auf dem Boden liegt. Er fragt die Heuschrecke mit einem großen Grinsen im Gesicht: „Du machst nicht zufällig auch Yoga, oder?"

Die Heuschrecke antwortet etwas verblüfft: „Selbstverständlich, das sieht man doch. Diese Übung kräftigt Rücken- und Beinmuskulatur und dehnt die Leisten. Wenn du willst, zeige ich dir, wie es geht ..."

1 Wir beginnen in Bauchlage. Drücke deine Hände neben deinen Oberkörper fest auf den Boden.

2 Die Beine heben gestreckt vom Boden ab. Den Oberkörper und den Kopf leicht anheben.

3 Zurück in die Bauchlage und Bewegungsablauf wiederholen.

DIE KATZE

Als Timo das Tropenhaus verlässt, sieht er eine Katze, welche seltsame Bewegungen macht. Timo läuft auf die Katze zu und fragt mit einer leisen Vorahnung: „Machst du Yogaübungen?"

Da antwortet die Katze verblüfft: „Ja, woher weißt du das? Diese Übung dehnt den Rücken und Nacken. Sie hilft mir, Stress abzubauen und ruhig zu schlafen. Komm, ich zeig dir, wie sie geht ..."

1 Wir starten im Vierfüßlerstand. Die Knie stehen hüftbreit auseinander und die Fingerspitzen zeigen nach vorne.

2 Beim Ausatmen machst du einen Katzenbuckel. Dabei beugt sich dein Rücken nach oben und der Kopf neigt sich nach unten.

3 Mit dem Einatmen kommst du wieder zurück in den Vierfüßlerstand und kannst die Übung wiederholen.

DER SCHMETTERLING

Nach den ganzen Übungen macht Timo eine Pause. Er fühlt sich ruhiger und entspannter. Er setzt sich ins grüne Gras und denkt an die vielen Übungen, die er heute gelernt hat. Da kommt ein Schmetterling zu Timo geflogen und fragt ihn: „Machst du Yoga? Ja, ich meine Nein! Ich mache gerade Pause. Yoga ist anstrengend. Ganz besonders für Anfänger wie mich." Da erwidert der Schmetterling zu Timo: „Wenn du willst, zeige ich dir eine leichte Übung im Sitzen ..."

Du sitzt auf dem Boden. Der Rücken ist aufrecht. Die Fußsohlen legst du aneinander, die Fersen ziehst du an den Körper.

Die Füße mit den Händen festhalten. Tief einatmen und dabei die Beine vorsichtig nach unten drücken.

Bewege deine Beine wie Schmetterlingsflügel auf und ab. Atme dabei normal weiter.

DER BÄR

Die kleine Pause hat Timo gutgetan. Er läuft weiter und kommt nach kurzer Zeit an einem großen Gehege mit vielen Bäumen vorbei. Was da wohl für ein Tier wohnt? Timo schaut neugierig im Gehege umher. Da sieht er plötzlich ein kleines puscheliges Bärenkind, welches auf dem Boden sitzt und eine Art Schaukelbewegung macht. Timo fragt erstaunt: „Was machst du da? Ist das etwa Yoga?" Da antwortet das Bärenkind: „Ja, diese Übung dehnt meinen Rücken. Komm, ich zeige es dir ..."

1 Du startest in Rückenlage.

2 Winkle deine Beine an und berühre mit den Händen die Schienbeine.

3 Schaukele nun vor und zurück.

DER STORCH

Auf dem Weg Richtung Giraffensavanne entdeckt Timo zwischen vielen Bäumen einen Storch. Der Storch steht mit seinen dünnen Beinen in seinem Nest und sieht etwas müde aus. Da fragt Timo den Storch: „Wer bist du? Und was machst du hier?"

Da antworte der Storch mit ruhiger Stimme: „Ich bin Sofia und ich brühte meine Küken hier oben im Storchennest aus. Das ist sehr anstrengend. Um meine innere Balance im Gleichgewicht zu halten, praktiziere ich Yoga. Wenn du willst, zeige ich dir, wie es geht..."

1 Stell dich aufrecht hin. Deine Füße stehen leicht auseinander. Atme gleichmäßig ein und aus, um besser balancieren zu können.

2 Beuge das linke Knie und hebe den linken Fuß vom Boden. Lege den Fuß in die Kniekehle des Standbeins.

3 Hebe den rechten Arm an und beuge den Ellenbogen. Das Handgelenk lockerlassen. Bleibe fünf Sekunden lang in dieser Position.

DIE GIRAFFE

„Ah ja, endlich!" Hier ist ja schon die Giraffensavanne. Timo läuft noch ein Stück weiter, bis er die beeindruckend große Giraffe sehen kann. Timo staunt! Der lange Hals von der Giraffe ist sogar größer als die umliegenden Bäume. Begeistert steht Timo nun vor der Giraffe und will sie gerade fragen, was sie denn hier macht, aber Timo bekommt nur ein „WOW" heraus. Da antwortet die Giraffe grinsend: „Hallo, ich bin Greta, die Giraffe. Hast du Lust, mit mir zusammen eine Yogaübung zu machen?"

1 Wir starten im Vierfüßlerstand. Die Knie stehen hüftbreit auseinander und die Fingerspitzen zeigen nach vorne.

2 Die rechte Hand bleibt auf dem Boden. Die linke Hand hebst du hoch in den Himmel. Halte diese Position für ein paar Atemzüge.

3 Komm in die Ausgangsstellung zurück und wiederhole diese Übung mit der anderen Hand.

DER LÖWE

Nicht weit von der Giraffe entfernt kommt Timo zum Löwengehege. Timo ist schon immer ein großer Löwenfan gewesen und läuft entschlossen auf den Löwen zu.

„Hallo, verehrter Löwe, ich bin Timo, der Tiger und kann nicht einschlafen. Ich will lernen, durch Yoga besser einzuschlafen. Kannst du mir helfen? Da antwortet der Löwe mit einer dunklen, tiefen Stimme: Ich bin Leon, der Löwe. Wenn das so ist, dann helfe ich dir gerne. Komm, ich zeige dir, wie es geht..."

1 Wir starten im Vierfüßlerstand. Die Arme streckst du nach vorne und das Gesäß verlagerst du nach hinten.

2 Atme tief ein. Beim Ausatmen kommst du mit dem Oberkörper nach vorne und gähnst wie ein Löwe: „AH-OHAH".

3 Komm in die Ausgangsstellung zurück und wiederhole diese Übung noch mal.

DER BAUM

Timo ist begeistert von Yoga. Er hat schon so viel gelernt und er fühlt sich entspannt und ruhig. Plötzlich sieht Timo einen prächtigen großen Baum vor sich stehen, welchen er noch nie zuvor wahrgenommen hat. Da fallen Timo die Worte der alten weisen Schildkröte wieder ein: „Im Yoga kannst du alles sein".

Jetzt verstand Timo, was Morla damit gemeint hatte. Er kann sich gedanklich nicht nur in ein Tier, sondern in jeden beliebigen Gegenstand oder Pflanze verwandeln. Also wieso nicht auch selbst zum Baum werden ...?

1 Stell dich aufrecht auf den Boden. Die Arme hängen entspannt neben dem Körper. Hebe den rechten Fuß an und stelle ihn auf den linken.

2 Die Handflächen vor der Brust aneinanderlegen und über den Kopf anheben.

3 Bleibe für ca. 15 Sekunden in dieser Haltung und wiederhole diese Übung mit dem anderen Bein.

DIE IGUANA

„Hallo, was machst du da ...?" erklingt eine neugierige Stimme hinter Timo. „Oh, ich mache gerade Yoga, um besser einschlafen zu können", antwortet Timo etwas verlegen. Timo dreht sich um und sieht eine Eidechse hinter sich am Boden liegen.

Da antwortet die Eidechse: „Das ist ja vielleicht ein Zufall, ich bin auch ein begeisterter Anhänger von Yoga. Hast du Lust, mit mir zusammen eine Übung zumachen ...?"

1 Lege dich auf den Bauch. Die Hände liegen unter den Schultern, die Finger sind gespreizt wie Echsenkrallen.

2 Die Echsenzehen sind nach vorn gebogen. Stemme dich hoch, bis deine Arme und Beine gerade sind und ziehe die Schultern nach hinten.

3 Geh umher, langsam und vorsichtig wie eine Echse. Lass die Zunge herausschnellen, um Gefahren zu erspüren und Insekten zu fangen.

DER LEOPARD

Timo sieht aus der Ferne einen müden Leoparden im Gehege liegen. Er nähert sich dem Leoparden und fragt: „Hallo, ich bin Timo, der Tiger. Warum liegst du hier so müde herum? Solltest du nicht auf der Jagd sein?"

„Ich bin Louis, der Leopard. Wir Leoparden sind eigentlich nacht-aktiv. Da wir allerdings im Zoo nicht selber jagen, habe ich mithilfe von Yoga gelernt, am Abend ruhig und entspannt zu werden. Wenn du willst, zeige ich dir, wie es geht ..."

1 Wir beginnen in Rückenlage. Die Arme liegen entspannt neben dem Körper. Wir drehen uns auf die linke Körperseite.

2 Wir beugen den linken Ellenbogen und stützen den Kopf mit der linken Hand auf.

3 Wir strecken das rechte Bein seitlich nach oben und berühren mit der rechten Hand den großen Zeh.

DER AFFE

Jetzt bin ich aber mal gespannt, ob die Affen auch Yoga machen, denkt Timo und nähert sich dem Affengehege. Und da ist ja schon der erste Affe, der frech von einer Palme runter guckt.

„Hallo, mein Name ist Pepe, der Piratenaffe" und reicht Timo eine Banane. „Ich war früher einmal auf einem Piratenschiff und bin um die Weltmeere gesegelt. Nach den vielen Abenteuern konnte ich nicht mehr ruhig einschlafen. Dann habe ich angefangen, Yoga zu praktizieren, um mich zu entspannen. Komm, zu zweit macht alles mehr Spaß ..."

Als Erstes stellst du dich gerade hin. Deine Füße stehen fest auf dem Boden. **1**

2 Strecke deinen linken Arm nach oben aus, als würdest du eine Banane von einer Palme pflücken.

3 Nun versuche, mit der anderen Hand die Banane zu erreichen. Wiederhole diese Übung ein paar Mal.

DER ADLER

Timo bleibt ruhig stehen und genießt die frische Luft. Er schaut zum Himmel und atmet tief ein und langsam aus. Da sieht er plötzlich einen prächtigen Adler auf einem Baum sitzen.

„Hallo, ich bin Attila, der Adler. Schön, dich kennen zu lernen. Was machst du hier?" „Ich bin Timo, ich kann nicht einschlafen. Ich möchte Yogaübungen lernen, um mehr Ruhe und Konzentration für einen besseren Schlaf zu erlangen." „Da hast du aber Glück, ich mache schon lange Yoga. Wenn du willst, zeige ich dir eine tolle Übung ..."

Stell deine Beine hüftbreit auseinander. Die Knie leicht beugen. **1**

2 Hebe den rechten Arm vor dem Brustkorb und lege den linken Ellenbogen auf den rechten.

3 Den rechten Fuß anheben und auf den linken Oberschenkel legen. Fuß und Zehen hinter der linken Wade verstecken. Alles wieder auflösen und die Seite wechseln.

DIE BIENE

Timo spaziert am nahegelegenen Waldrand des Zoos entlang und macht eine großartige Entdeckung. „Ein Bienenstock, so etwas habe ich ja noch nie gesehen", ruft Timo begeistert.

Summ summ summ, da kommen gleich zwei Bienen auf Timo zu und fragen ihn: „Bist du ein Eindringling??? Es gibt hier viele Tiere, die unseren Honig stehlen wollen". „Keine Angst, ich bin nicht wegen eurem Honig hier", beruhigt sie Timo. „Ich möchte weitere Yogaübungen lernen. Könnt ihr mir helfen?" „Ja, gerne", antworten die Bienen freundlich.

1 Stell dich gerade hin und strecke deine Arme auf Höhe der Schultern seitlich aus.

2 Gehe leicht in die Knie und strecke deinen Po etwas nach hinten, als ob du dich hinsetzen würdest.

3 Bewege deine Arme auf und ab, als ob du Flügel hast und mach dazu Bienengeräusche.

DER GEIER

Als Timo das Ende des Waldrandes erreicht, hört er eine krächzende Stimme. Er sieht sich in alle Richtungen um und entdeckt einen Geier auf einem Ast.

„Hallo, mein Name ist Georg, der Geier, was machst du hier? Solltest du nicht in deinem Gehege sein?" Da antwortet Timo mit fester Stimme: „Ich kann nicht schlafen und mache einen Abendspaziergang. Ich suche andere Tiere, die mir Yogaübungen zeigen können, welche mir beim Einschlafen helfen. Kennst du vielleicht eine? „Na, klar", antwortet Georg.

Setze dich mit ausgestreckten Beinen hin und grätsche sie, soweit du kannst. Der Rücken ist dabei gerade.

Die Handflächen vor der Brust aneinanderlegen, die Ellbogen zeigen nach außen.

Mit geradem Rücken nach vorne lehnen und mit den Ellbogen am Boden abstützen. Du siehst nun aus wie ein Geier mit ausgestreckten Flügeln.

DIE BRÜCKE

Nur ein kleines Stück vom Geier entfernt kommt Timo an einen Fluss mit einer schönen kleinen Brücke. Timo denkt an die Worte von Morla, der alten, weisen Schildkröte:

„Im Yoga kannst du alles sein".

„Also gut, dann werde ich jetzt zu einer Brücke", sagt Timo mit entschlossener, fester Stimme zu sich selbst ...

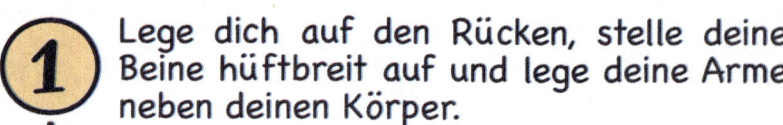

1 Lege dich auf den Rücken, stelle deine Beine hüftbreit auf und lege deine Arme neben deinen Körper.

2 Nun hebst du langsam deinen Po und deinen Rücken an. Atme entspannt weiter. Halte diese Position für einige Sekunden.

3 Lass den Rücken langsam in die Ausgangsstellung absinken.

DER FLAMINGO

Timo hat die Brücke überquert und läuft am Fluss entlang. Der Fluss mündet in einem kleinen Teich. Da entdeckt Timo einen wunderschönen pinken Flamingo und fragt ihn: „Hallo, mein Name ist Timo, der Tiger, wer bist du? Kannst du mir beibringen, so wie du auf einem Bein zu stehen?"

Da antwortet der Flamingo mit freundlicher Stimme: „Hallo, ich bin Frederik, der Flamingo. Gerne zeige ich dir, wie es geht. Pass gut auf, es ist nicht so schwierig wie, es aussieht ..."

Stell dich aufrecht hin. Deine Füße stehen leicht auseinander. **1**

2 Breite deine Arme aus, als hättest du Flügel und strecke das linke Bein nach hinten. Beuge den Oberkörper aus der Hüfte heraus nach vorn.

3 Finde dein Gleichgewicht, in dem du kleine Bewegungen mit Armen und Beinen zum Ausbalancieren machst. Übe die Haltung auf jedem Bein zwei- bis dreimal.

DER FISCH

Nach den vielen Yogaübungen macht Timo eine kleine Pause. Er legt sich zufrieden an den nahe gelegenen Uferrand des Teiches und ruht sich aus. Blubb Blubb Blubb - macht es plötzlich aus dem Wasser. Da streckt ein Fisch sein Köpfchen heraus und spricht zu Timo: „Hallo, ich bin Felix, der Fisch. Was machst du hier?"

„Ich ruhe mich von den anstrengenden Yogaübungen aus, die ich heute gelernt habe", antwortet Timo mit ruhiger Stimme. Da verkündet Felix begeistert: „Ich mach auch Yoga, willst du meine Lieblingsübung sehen?"

1 Als Erstes legst du dich flach auf den Rücken. Die Arme liegen entspannt auf dem Boden.

2 Ziehe deine Beine etwas an und lass die Knie zur Seite fallen. Schiebe die Hände mit nach unten gekehrten Handflächen unter den Po.

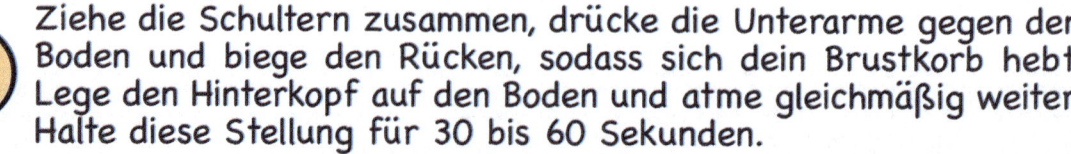

3 Ziehe die Schultern zusammen, drücke die Unterarme gegen den Boden und biege den Rücken, sodass sich dein Brustkorb hebt. Lege den Hinterkopf auf den Boden und atme gleichmäßig weiter. Halte diese Stellung für 30 bis 60 Sekunden.

DER DELFIN

Die Pause hat Timo gutgetan. Gestärkt geht er weiter und steht plötzlich vor einem großen Fischbecken. Flupp – da springt schlagartig ein Delfin direkt vor Timo aus dem Wasser. Timo erschrickt sehr, bekommt aber nur ein „WOW" heraus.

Da redet der Delfin mit sanfter Stimme: „Oh, das tut mir leid, ich wollte dich nicht erschrecken. Ich bin Delia, das Delfinweibchen. Ich mache gerade meine abendlichen Yogaübungen, damit ich besser einschlafen kann. Hast du Lust, mitzumachen?

1 Knie dich hin und stütze dich mit deinen Ellbogen am Boden ab.

2 Hebe deinen Po in die Höhe und strecke die Beine aus. Dein Rücken ist dabei gerade.

3 Halte diese Position für ein paar Sekunden und atme gleichmäßig weiter.

DER EISBÄR

Timo kommt an einem großen Haus vorbei. Durch die große Scheibe sieht er eine weiße Schneelandschaft. Da staunt Timo gewaltig, so etwas hat er noch nie zuvor gesehen. Er geht in das Haus hinein, damit er besser sehen kann. Nanu – hat sich da gerade etwas bewegt? Timo fragt mit vorsichtig sanfter Stimme: „Hallo, ist hier jemand?" Da ertönt eine tiefe, brummige Stimme: „Hallo, ich bin Emil, der Eisbär. Ich liege hier zusammengerollt im Schnee. Ich mache eine Yogaübung, um mich auf den Winterschlaf vorzubereiten. Soll ich dir zeigen, wie es geht?"

1 Setze dich auf deine Fersen. Schiebe dann die Knie weit auseinander, sodass sich deine Zehenspitzen berühren.

2 Beuge den Oberkörper aus der Hüfte heraus nach vorn und schiebe den Brustkorb über den Boden.

3 Lege dein Kinn auf den Boden und falte deine Hände über der Nase zusammen, damit sie warm bleibt. Atme ein und aus.

DER HUND

Durchgefroren und zitternd verlässt Timo das Eisbärenhaus. Da ertönt ein kläffendes Hundegebell und spricht zu Timo. „Hi, ich bin Henry, der Hund. Warum zitterst du denn so, ist dir kalt?" „J...j...jaaa", antwortet Timo schlotternd.

Wenn mir kalt ist, dann mache ich Yogaübungen, um mich aufzuwärmen. Ich kenne eine Übung, welche die Blutzirkulation anregt und dich schnell wieder aufwärmt. Wenn du Lust hast, dann zeige ich dir, wie sie geht ..."

1 Wir starten im Vierfüßlerstand.

2 Den Po zur Decke anheben, die Beine und Arme strecken. Die Fersen sanft nach unten drücken, damit die Fußsohlen den Boden berühren.

3 Den Oberkörper so nah wie möglich in Richtung Beine schieben. Dein Gesicht zeigt zu deinen Zehen. Komm zurück in den Vierfüßlerstand.

DER BERG

Der Hund hat recht gehabt. Jetzt ist Timo wieder aufgewärmt und er fühlt sich wohl. Entspannt läuft er weiter, bis er an den Rand des Zoos angelangt. Hier steht er nun auf einer leichten Anhöhe und schaut in die Ferne. Wunderschön diese Landschaft mit dem Bergpanorama im Hintergrund sagt Timo zu sich selbst. Da fallen ihm abermals die Worte von Morla wieder ein:

„Im Yoga kannst du alles sein".

Wieso also nicht einfach zu einem Berg werden?

Stell dich aufrecht hin, deine Beine stehen leicht auseinander. **1**

3 Komm wieder zu stehen. Deine Beine stehen fest auf dem Boden. Ziehe deine Schultern zurück und atme tief ein und lange aus. Bleibe für 30 bis 60 Sekunden in dieser Position.

Stelle dich auf die Zehenspitzen und wiege dich sanft auf und ab. **2**

DER KRIEGER

Timo hat jetzt wirklich schon viele Yogaübungen gelernt. Er ist stolz und zufrieden. Trotzdem fasst Timo den Entschluss, dass er noch mehr Übungen lernen will. Er weiß jetzt, dass er sich im Yoga zu jedem Tier, Gegenstand oder Pflanze verwandeln kann. Er musste es sich nur vor seinem inneren Auge fest vorstellen. Schon immer wollte Timo ein tapferer Krieger sein ...

Stell dich aufrecht hin, deine Beine stehen leicht auseinander. **1**

2 Atme sanft ein. Drehe deinen rechten Fuß um 90 Grad nach rechts. Den linken Fuß drehst du leicht mit. Spanne dein Becken an und drücke die Füße fest auf den Boden.

Beuge dein rechtes Bein so, dass sich dein Knie über deiner rechten Ferse befindet. Atme tief ein und strecke deine Arme seitlich aus. Dreh den Kopf so, dass er über deinen rechten Arm liegt. **3**

DER LUFTBALLON

Timo läuft weiter und kommt an einem Kiosk vorbei, wo die Kinder ihre Eltern fragen, ob sie ein Kuscheltier oder ein Eis haben dürfen. Fliegende, bunte Luftballons sind an einen der Postkartenständer geknotet. Da hat Timo eine Idee!

Wäre es nicht schön, selbst wie ein Luftballon entspannt in der Luft hin- und her zu wiegen und alles um sich herum loszulassen?

1 Setze dich aufrecht mit verschränkten Beinen hin und schließe deine Augen.

2 Stell dir vor, du wärst ein Luftballon. Lege deine Hände unterhalb deines Bauchnabels auf den Bauch.

3 Atme tief durch die Nase ein und spüre, wie sich dein Bauch mit Luft füllt, wie bei einem Luftballon.

4 Atme langsam durch die Nase aus, bis keine Luft mehr in deinem Bauch ist. Wiederhole diese Atemübung für ca. 60 Sekunden.

DAS KIND

Timo ist erstaunt! Morla, die alte weise Schildkröte, hatte recht. Ich kann mich im Yoga wirklich in alles verwandeln, was ich möchte. Ich muss es mir nur ruhig und konzentriert vor meinem inneren Auge ausmalen, stellt Timo in Gedanken versunken fest. Wie weit mag diese neu erlernte Fähigkeit wohl reichen?

Kann ich mich auch in einen Menschen verwandeln oder besser, vielleicht in ein Kind?

1 Wir beginnen im Fersensitz. Die Knie stehen hüftbreit auseinander.

2 Beuge den Oberkörper weit nach unten und versuche, mit der Brust deine Oberschenkel zu berühren.

3 Die Arme streckst du weit nach vorne aus. Halte diese Position für zwei bis drei Minuten. Atme dabei tief ein und lange aus.

HAPPY BABY POSE

Timo setzt sich auf die Wiese, um ein bisschen auszuruhen. Er fühlt sich entspannt und ruhig. Die Übungen, die er heute gelernt hat, haben ihn angestrengt und müde gemacht.

Vielleicht kann ich ja heute wie ein Baby schlafen, fährt es Timo durch den Kopf. Da kommt Timo eine Idee. Ich könnte mich einfach in ein Baby verwandeln und eine Yogaübung daraus machen ...

1 Lege dich auf den Rücken und strecke die Beine nach oben.

2 Atme tief ein und ziehe deine Knie an den Brustkorb. Atme langsam aus und berühre deine großen Zehen. Spreize die Knie und bringe sie in Richtung deiner Achselhöhlen. Halte diese Position für 60 Sekunden.

3 Lege die Füße anschließend wieder auf den Boden und atme entspannt durch.

DIE SCHILDKRÖTE

Nach den vielen Yogaübungen fühlt sich Timo gut. Zeit, sich auf den Rückweg zu machen. Was für ein Glück, er ist einen Rundweg gelaufen und vor ihm ist schon das Tropenhaus. Er läuft weiter und sieht, dass Morla, die alte Schildkröte auch noch wach ist. „Hallo Morla, du hast recht gehabt! Fast alle Tiere im Zoo machen Yoga. Nun bin ich müde und entspannt."

„Das freut mich, dass es dir hilft und Spaß macht", antwortet Morla. „Soll ich dir noch eine letzte Übung zeigen?"

1 Setze dich auf deine Fersen. Die Knie stehen hüftbreit auseinander.

2 Senke den Kopf und lege die Stirn vor deine Knie. Lege die Handflächen flach auf den Boden und strecke deine Arme.

3 Halte diese Position für zwei bis drei Minuten und atme tief ein und aus. Stell dir vor, du wärst eine große Schildkröte.

DER HALBMOND

Es ist ruhig und dunkel geworden, als Timo wieder in seinem gewohnten Gehege ankommt. Die meisten Tiere schlafen jetzt und Timo kann die Grillen zirpen hören.

„WOW", wie wunderschön! Schau dir die vielen leuchtenden Sterne und den Mond an, sagt Timo zu sich selbst. Dann grinst Timo zufrieden und stellt sich vor, er sei Teil des Universums ...

Stell dich aufrecht hin, deine Beine stehen hüftbreit auseinander.

1

2

Strecke deine Arme über den Kopf und drücke die Handflächen aneinander. Atme tief ein.

Atme lange aus und neige deinen Oberkörper behutsam zur linken Seite. Halte diese Stellung für zehn Sekunden.

3

4

Kehre zur Mitte zurück und wiederhole die Übung auf der rechten Seite.

KÖRPERREISE

Zufrieden und entspannt, legt sich Timo auf die Wiese. Er fühlt sich wohl und ist von den vielen Yogaübungen müde geworden. Die Blumenwiese ist weich und der Boden unter ihm warm. Timo schaut noch ein bisschen in die Sterne und schläft mit einem guten Körpergefühl ein.

1 Lege dich mit dem Rücken flach auf den Boden.

2 Deine Arme und Beine liegen leicht gespreizt ganz locker neben dir auf dem Boden. Schulter, Nacken und Gesicht entspannen.

3 Schließe die Augen und konzentriere dich auf deine Atmung. Atme tief ein und lange aus. Mache dein Kopf frei und genieße die Entspannung.

BEWERTUNG

Hat dir das Buch gefallen?

An dieser Stelle im Buch möchte ich dich um einen Gefallen bitten. Im Zeitalter des Onlinehandels sind Kundenrezensionen ein essenziell wichtiger Bestandteil eines Produktes. Viele Kunden verlassen sich auf Rezensionen, wenn sie eine Kaufentscheidung treffen. Deine Rezension hilft meinem Buch mehr Sichtbarkeit zu bekommen und noch mehr Kinder Spaß beim Yoga zu ermöglichen.

Ich hoffe, das Buch hat deinem Kind und dir viel Spaß bereitet und konnte eure Eltern-Kind-Beziehung stärken. Ich wäre dir sehr dankbar für eine Bewertung. Schreibe in einigen kurzen Sätzen, was du von dem Buch gehalten hast.

So erstellst du eine Rezension:

Scanne den nachfolgenden QR-Code,

Scan me

oder bewerte uns unter:

https://swiy.co/Timo-der-Tiger-Bewertung

GEBEN SiE FEEDBACK

Online-Rezensionen erleichtern anderen die Kaufentscheidung.

Haftungsausschluss

Impressum

Autor:
Rafael Weigle
Moosangerweg 2
87600 Kaufbeuren

Anregungen und Beschwerden zum Buch an:
info@sonnenkind-verlag.de

Covergestaltung und -konzept: Marie-Katharina Becker
Illustrationen und Design: Kate Hubaidulina

Lektorat: Tina Müller
Korrektorat: Cornelia Wagner
Satz und Layout: Rafael Weigle

Jahr der Veröffentlichung: 2022

Verantwortlich für den Druck:
Amazon Distribution GmbH, Leipzig

ISBN: 978-3-9824411-0-8

Printed by Amazon Italia Logistica S.r.l.
Torrazza Piemonte (TO), Italy

36219919R00045